L'IMPÔT ROYAL

SOUS PHILIPPE-LE-BEL

(1292-1304)

PAR

Maurice JUSSELIN

Élève de l'École des Hautes-Études

(*Extrait des* POSITIONS DE THÈSES DE L'ECOLE DES CHARTES)

(Promotion de 1906)

TOULOUSE

IMPRIMERIE ET LIBRAIRIE ÉDOUARD PRIVAT

Librairie de l'Université

14, RUE DES ARTS, 14 (SQUARE DU MUSÉE)

—

1906

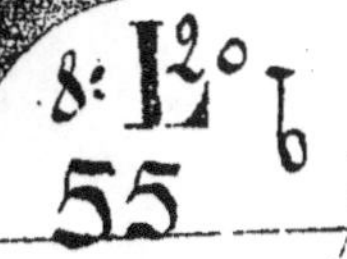

L'IMPÔT ROYAL

SOUS PHILIPPE-LE-BEL

(1292-1304)

PAR

Maurice JUSSELIN

Élève de l'École des Hautes-Études

(Extrait des POSITIONS DE THÈSES DE L'ECOLE DES CHARTES*)*

(Promotion de 1906)

TOULOUSE

IMPRIMERIE ET LIBRAIRIE ÉDOUARD PRIVAT
Librairie de l'Université
14, RUE DES ARTS, 14 (SQUARE DU MUSÉE)

—

1906

L'IMPÔT ROYAL

SOUS PHILIPPE-LE-BEL

(1292-1304)

PAR

Maurice JUSSELIN

Élève de l'École des Hautes-Études

J'entends par *impôt royal* tout subside levé pour la défense du royaume et tenant lieu du service militaire personnel.

Le denier pour livre. — Le denier pour livre est un subside de guerre demandé par le roi, en septembre 1291, pour subvenir aux frais de la guerre contre les rois d'Angleterre et d'Aragon. Cet impôt devait être levé, pendant six ans, dans toute la France. Il atteignait toutes les classes de la société et consistait en une taxe de deux deniers payables l'un par l'acheteur, l'autre par le vendeur de toute marchandise dont le prix de vente était supérieur à une livre. Avec l'autorisation des seigneurs, cet impôt fut perçu dans leurs domaines. Aux environs du 24 février 1292, les barons normands obtinrent l'exemption pour leurs sujets. La plupart des villes et les seigneurs au nom de leurs sujets composèrent avec le roi, lui offrant un don à la place du denier pour livre. Selon les habitudes locales, ce don fut perçu sous forme de maltôte ou de taille. Les versements furent généralement faits en deux termes annuels pendant six ans.

De 1294 à 1296 furent levés plusieurs impôts pour la guerre avec l'Angleterre.

Fouage en Languedoc. — Dès le mois de février 1294, un subside équivalent à un impôt de 6 sous par feu fut exigé des habitants du Languedoc. Cet impôt tint lieu du service militaire à l'ost de Gascogne. Un feu est une famille représentée par son chef, quel que soit le nombre des individus qui la composent. Tous ceux qui ne possèdent pas en biens 50 livres tournois ne sont pas considérés comme représentant un feu. Les sommes pour lesquelles chaque communauté compose sont réparties et exigées proportionnellement à la fortune des habitants estimée par des prud'hommes jurés.

Prêts et dons. — Au milieu de l'année 1294, des prêts, d'un caractère forcé, furent demandés dans tout le royaume aussi bien aux clercs qu'aux laïques. Les habitants prêtèrent plus ou moins proportionnellement à la valeur de leurs biens estimée par des prud'hommes jurés. Les écoliers de l'Université, les pauvres, les serfs taillables à volonté furent exempts. La levée de ces prêts se poursuivit jusque dans les premiers mois de l'année 1296. En 1296 on en exigea de nouveaux. Les prêts furent souvent transformés en dons volontaires. L'impôt fut généralement levé par des Lombards, agents de Biche et de Mouche Gui. Ceux ci rendirent la recette au roi par leurs comptes généraux faits à l'Ascension et à la Toussaint 1295, à l'Ascension 1296. Nous constatons que les prêts furent rendus.

Aide en hommes d'armes et en sergents réclamée dans la sénéchaussée de Beaucaire. — Au début de l'année 1295 le roi demande des troupes au sénéchal de Beaucaire. Celui-ci réunit à Viviers les barons et autres nobles de la sénéchaussée. L'assemblée décide que tous ceux qui ont en biens la valeur de 2.000 livres tournois équiperont un homme d'armes monté sur un cheval d'une valeur de 30 livres. Ceux qui possèdent de 500 à 2.000 livres contribueront proportionnellement à l'équipement de cet homme d'armes. Ceux qui ont moins de 500 livres équiperont des sergents proportionnellement à leur fortune, selon l'estimation de leurs seigneurs et de quatre ou six prud'hommes assermentés choisis dans chaque localité.

La première dîme biennale. — En juillet 1294, le roi réunit à Paris les métropolitains représentant l'église de France et leur demande un subside pour la défense du royaume. La contribution du clergé est décidée. Des conciles sont réunis dans toutes les provinces. Les non exempts sont convoqués par le métropolitain et les évêques, les exempts par le roi, et les membres des grands ordres religieux par leurs chefs. Liste des assemblées. Les métropolitains et les envoyés du roi dirigent les délibérations. Le clergé de France concède au roi, de sa propre autorité, un subside sous forme de dîme biennale payable à deux termes chaque année. Liste de ces termes. Cette dîme biennale des revenus de l'Eglise de France fut accordée sous certaines conditions et payée selon la taxation ancienne. La levée est faite par les ecclésiastiques eux-mêmes. Les évêques nomment, dans leurs diocèses, deux collecteurs parmi lesquels est un chanoine. Les exempts de chaque province choisissent, sous l'inspiration des envoyés du roi, un collecteur général, exempt lui-même; celui-ci nomme des sous-collecteurs. Le produit de l'impôt devait être rendu au roi par les évêques eux-mêmes et les collecteurs, mais, quelques jours après le transfert officiel du Trésor royal au Louvre, Philippe IV donna l'ordre aux archevêques de faire remettre toutes les recettes à ses « receveurs », Biche et Mouche Gui, ou à leurs agents que l'on appelait leurs procureurs.

La première maltôte. — En mars 1295, Philippe IV, avec l'assentiment d'un conseil de prélats et de barons, ordonne la levée d'une maltôte pour la défense du royaume. L'impôt atteint le possesseur de vin, de blé ou d'autres céréales et le vendeur de sel. Le denier pour livre frappe le *prix* de vente et d'achat, la *maltôte* est prélevée proportion nellement à la *quantité* possédée ou vendue. Le possesseur paye : pour un tonneau de vin à la mesure d'Auxerre, 5 sous parisis; pour une queue, 2 sous 6 deniers; pour chaque setier de froment estimé partout à la mesure de Paris, 6 deniers; pour la même quantité d'autres grains destinés à faire de la farine, 4 deniers. Le vendeur de sel paye 2 sous pour chaque setier vendu à la mesure de Paris. Des prud'hommes jurés et compétents allèrent partout s'informer de la quantité possédée ou vendue. Les seigneurs hauts justiciers, chargés de présider à la levée dans leurs domaines, devaient avoir la moitié de la recette. L'imposition devait durer jusqu'à la Toussaint, 1ᵉʳ novembre 1296. Les protestations énergiques causées par les enquêtes des prud'hommes obligèrent le roi à faire cesser la levée un mois après les premiers recouvrements. Cet impôt a été la cause principale de la mauvaise réputation de la maltôte.

Le centième. — La levée du centième fut décidée en juin 1295 par le roi et un conseil composé de prélats et de barons. L'impôt consiste en un prélèvement du centième sur la valeur de tous les biens des personnes non nobles, clercs et laïques. Le possesseur de 10 livres à 1.000 livres paye le centième, mais celui qui possède de 5 à 10 livres paye seulement le deux centième. Celui dont la fortune est inférieure à 5 livres, mais qui gagne sa vie en travaillant, donne dans le délai d'un mois le gain d'une journée, mais pas plus de 6 deniers. Tous les possesseurs de fiefs nobles sont exempts parce qu'ils doivent le service militaire personnel. Trois prud'hommes, dont un clerc, élus par les habitants, lèvent l'impôt dans chaque paroisse, ou dans plusieurs, selon leur étendue. On leur confie généralement le soin de recouvrer l'impôt dans une circonscription inférieure, prévôté, châtellenie, sergenterie. Ils s'en tiennent au serment des contribuables pour connaître la valeur de leurs biens. L'imposition commença à la Saint-Jean, 24 janvier 1295, et ne se fit qu'une fois. Les procureurs de Biche et de Mouche Gui recueillirent la plus grande partie de la recette.

Recouvrement de la dîme et des arrérages du centième. — En décembre 1295 et janvier 1296, des commissaires furent envoyés dans les bailliages et sénéchaussées. Ils devaient verser entre les mains des receveurs royaux toutes les re-

cettes de la dîme et du centième que les évêques et les collecteurs avaient l'ordre de leur remettre. Les Lombards ne
servirent plus d'intermédiaires entre le Trésor et les collecteurs des impôts. Conformément aux instructions précises
qu'ils avaient reçues, les commissaires veillèrent à la levée
des arrérages du centième et forcèrent à contribuer ceux
qui n'avaient pas encore payé la part qu'ils devaient. Ils
obtinrent le concours des évêques pour contraindre les clercs
à payer le centième. L'ordre de Cîteaux adressa une protestation au pape Boniface VIII; celui-ci lança la décrétale
Clericis laicos, 25 février 1296. Telle fut l'origine du
Grand Différend.

Le premier cinquantième. — Dans les premiers jours du
mois de janvier 1296, avant le 6, le roi et de nombreux prélats et barons réunis en assemblée solennelle décidèrent la
levée du *cinquantième*. Cet impôt, de même nature que
le centième, fut perçu suivant les mêmes principes. Il
frappe l'ensemble des biens des non nobles, clercs ou laïques.
Ceux qui possèdent moins de 10 livres ne payent que le
deux centième. Les nobles sont exempts, car ils doivent le
service personnel. Pour diriger la levée de l'impôt, deux
commissaires, un clerc et un laïque, sont envoyés dans
chaque bailliage et sénéchaussée. Leurs noms. Dans les circonscriptions inférieures, les collecteurs au nombre de trois,
dont un clerc, sont élus par les habitants. Ils lèvent l'impôt une seule fois et s'en tiennent au serment des contribuables pour connaître la valeur de leurs biens. Les seigneurs hauts justiciers président à la levée dans leurs
domaines et ont une part dans la recette. Le comte de Flandre, le duc de Bourgogne, le comte d'Artois, le duc de
Bretagne et le comte de Valois ont la moitié; les autres
comtes, les archevêques et les évêques ont le tiers; les
autres barons hauts justiciers, ainsi que les prélats et barons
normands qui ne sont pas hauts justiciers, ont le quart. La
plus grande partie des recettes est versée entre les mains
des receveurs royaux qui transmettent les deniers au Trésor
du Louvre. Depuis la fin de l'année 1295, des receveurs

français sont établis dans toutes les circonscriptions du domaine royal, excepté dans les bailliages de Champagne laissés à Mouche et dans les sénéchaussées de Carcassonne et de Beaucaire, dont la recette fut confiée aux neveux de Mouche. Les noms de ces receveurs. Cinq visiteurs furent chargés de les inspecter. Il y eut quelques protestations contre la levée du cinquantième en Flandre, à Montpellier, dans le comté de Foix. Dans l'évêché de Langres, ce fut une véritable révolte. Un jugement des Enquêtes condamna l'évêque, le chapitre et la communauté de Langres à payer une amende considérable. En Bretagne, Saint-Yves s'opposa à la contribution des clercs.

Fouage en Languedoc. — Au début de l'année 1296, Robert d'Artois, lieutenant du roi, réclama un subside équivalent à un fouage de 6 sous par feu aux habitants du Languedoc. A la place de ces 6 sous, il demanda ensuite un sergent. Le cinquantième n'en fut pas moins levé en Languedoc.

La bulle « Clericis laicos ». — Il semblait admis que le clergé de France concéda au roi une double dîme en 1296 et que les protestations de l'ordre de Cîteaux provoquèrent la publication de la décrétale *Clericis laicos*, 25 février 1296, origine du Grand Différend. C'est une erreur. L'acte de concession de cette double dîme dont se sont servis les historiens est daté du 27 mars 1297. C'est la levée du centième qui causa la protestation des Cisterciens.

La seconde maltôte. — Au milieu du mois de novembre 1296, le roi, assisté d'un certain nombre de prélats et de barons, ordonna la levée d'une nouvelle maltôte pour la défense du royaume. Ce subside de guerre fut désigné à l'aide d'expressions variées; les plus usitées sont : *assisia super mercaturis* et surtout *malatolta*. La maltôte de 1296 fut payée seulement par le vendeur. Le vin, les grains et le sel sont taxés suivant le tarif adopté en 1295 et proportionnellement à la quantité vendue. En outre, l'impôt atteint les vendeurs de bestiaux. Pour les bœufs et les vaches, la taxe est proportionnée au prix de vente de l'animal. S'il est inférieur à 20 sous, le vendeur donnera 6 deniers parisis; s'il est supérieur à 20 sous et inférieur à 40, il donnera 8 deniers parisis; s'il est supérieur à 60 sous, il donnera 12 deniers parisis, soit 1 sou. Quant aux animaux de moindre taille, ils sont taxés par tête. Le vendeur payera 4 deniers parisis pour un porc et 2 deniers parisis pour un veau ou une bête à laine. Les ventes de bétail inférieures à 4 sous ne sont pas taxées. L'impôt fut levé dans tout le royaume pendant un an par des receveurs assermentés, députés par le roi.

En 1297, la guerre de Flandre s'ajoute à la guerre anglaise et rend d'autant plus nécessaires les subsides de guerre.

Le second cinquantième ou double centième et le vingt-cinquième. — Au début d'avril 1297, avant Pâques, fut ordonnée la levée d'un nouvel impôt. La contribution demandée est un *vingt-cinquième* pour ceux qui possèdent plus de 1.000 livres, un *cinquantième* pour ceux qui possèdent moins. Comme pour le centième et le premier cinquantième, la fortune est évaluée en estimant l'ensemble des biens. Le second cinquantième s'appelle aussi double centième. Tous les non nobles et les clercs ne vivant pas cléricalement sont soumis à l'impôt. Les autres clercs et les nobles sont exempts. Les nobles qui ne purent aller à l'ost payèrent une *finance*. Ce subside fut levé dans toute la France, excepté en Languedoc, pendant deux ans. L'imposition fut faite comme celle du premier cinquantième par des commissaires, deux par bailliage, un clerc, un laïque et des collecteurs. Les seigneurs eurent leur part de l'impôt comme en 1296. La plus grande partie de la recette fut dépensée pour l'ost de Flandre.

Fouage en Languedoc. — En Languedoc, les habitants payèrent un don représentant un fouage. Dès les premiers jours du mois de mai 1297, les commissaires royaux entrèrent en pourparlers avec les communautés. Dans la sénéchaussée de Carcassonne, Jean de la Forêt ordonna la levée d'un impôt de 8 sous par feu tenant lieu du service militaire. Il y eut des protestations. Le roi confirma l'ordonnance de son commissaire le 21 juillet 1297. Les comtes de Foix, d'Armagnac, d'Astarac et de Rouergue obtinrent l'exemption pour leurs hommes. Les habitants de l'Albigeois ne payèrent que 6 sous par feu. Dans la sénéchaussée de Beaucaire et de Nîmes on procéda de la façon suivante : Les seigneurs hauts-justiciers, clercs et laïques, remettent le dénombrement des feux et choisissent des prud'hommes jurés qui répartissent l'imposition sans l'intervention des seigneurs. Les contraintes sont faites par des sergents royaux. En outre, deux commissaires furent envoyés pour lever le vingt-cinquième et le cinquantième en Languedoc, mais ils rencontrèrent partout une vive opposition et ne firent aucune recette.

Les Juifs. — Outre la *taille*, les Juifs payèrent à titre de subside de guerre un *quatorzième*. Nous n'avons constaté la levée de cet impôt que dans les bailliages de Chaumont et d'Orléans, mais il paraît avoir été général.

La première double dîme. — En janvier 1297 le roi convoqua à Paris les évêques de France et leur réclama un subside. Selon les prescriptions de la bulle *Ineffabilis amor* (20 septembre 1296), les prélats demandèrent, le 1er février, l'autorisation au pape. Celui-ci, avant même de connaître le vœu des prélats, adressa au roi la bulle *Romana mater* (7 février 1297) lui permettant de recevoir des subsides du clergé sans l'autorisation du Saint-Siège, en cas de nécessité pressante. Il accorda facilement, le 28 février, l'autorisation demandée, mais il fallait lui soumettre les conditions du subside. Les évêques s'assemblèrent à Paris les 27, 28, 30, 31 mars et 13 avril 1297, en différents lieux. La date du procès-verbal faisant connaître leurs décisions a été mal interprétée par le 27 mai 1296. Cette erreur explique pourquoi l'on a toujours parlé de la prétendue concession d'une double dîme en 1296, qui aurait provoqué les protestations des Cisterciens et l'envoi de la décrétale *Clericis laicos*. Les prélats promirent au roi une dîme payable à la Pentecôte (2 juin 1297) et si la guerre durait, une autre dîme payable le 1er octobre 1298. Cette seconde dîme fut levée, car la guerre dura. Le pape, informé, approuva les conditions posées (10 mai), nomma des exécuteurs : pour le clergé séculier, les évêques de Paris et de Thérouanne (15 mai); pour le clergé régulier, les abbés de Marmoutier et de Saint-Denis (12 mai). Tous les ecclésiastiques possédant plus de 15 livres de revenus contribuèrent à la double dîme. Les grands ordres religieux : Citeaux, Cluni, le Temple et l'Hôpital composèrent,

Les Annates. — Le 9 août 1297, le pape concéda au roi les *annates,* c'est-à-dire le droit de recevoir les revenus de la première année des bénéfices vacants. Il en exempta les archevêchés, les évêchés, les monastères et abbayes. Les annates concédées à titre de subside pendant la durée de la guerre furent levées pendant trois ans, sous la direction de Jean de Chevry, archidiacre de Rouen, Pierre de Belleperche, chanoine d'Auxerre, et Guillaume de Crépy, chanoine de Saint-Quentin, collecteurs généraux désignés par le pape le 9 août 1297.

La seconde double dîme. — Par la bulle *Etsi de statu*, 31 juillet 1297, Boniface VIII accorda au roi et à ses successeurs, sans restrictions, plein pouvoir pour demander des subsides au clergé toutes les fois qu'ils croiraient, *en conscience*, que son aide serait indispensable. Le même jour, le pape nomma l'archevêque de Rouen, l'évêque d'Auxerre et l'abbé de Saint-Denis « exécuteurs » pour diriger la levée de la dîme future. A Noël 1297, le roi convoqua à Paris une assemblée du clergé et demanda un subside en s'autorisant de la bulle *Etsi de statu*. Le clergé accorda au roi deux nouvelles dîmes, la première payable à la mi-carême, 29 mars 1298, la seconde à l'Assomption, 15 août 1298. La levée se fit comme en 1297. Malgré leurs protestations, les églises de Flandre durent contribuer.

Arrérages des subsides. — En 1299, des commissaires furent députés pour faire rentrer les arrérages de tous les subsides depuis le centième.

Le troisième cinquantième. — En mars 1300, le roi réclama un nouveau cinquantième. L'impôt fut général et levé comme les précédents. Il atteignait les mêmes personnes et fut levé pendant un an. A Paris, les habitants contribuèrent pour s'exempter du service militaire; dans chaque paroisse un collecteur fut choisi par le roi, un autre par les habitants; seuls furent imposés ceux qui possédaient en biens plus de 20 livres parisis.

L'impôt en Languedoc. — Le cinquantième fut réclamé en Languedoc. Les habitants préférèrent composer avec les commissaires. Dans la sénéchaussée de Beaucaire et Nîmes, le subside fut imposé comme en 1297, mais il fut double. Les habitants du comté de Foix se révoltèrent contre les agents royaux et refusèrent de contribuer; il y eut procès; les coupables furent condamnés à l'amende et l'affaire ne se termina qu'en 1308.

La seconde dîme biennale. — A la fin de l'année 1299, au concile de Lyon, le clergé accorda au roi, pour la défense du royaume, une dîme biennale payable chaque année à l'Ascension et à la Toussaint. Le 11 février 1301, le pape concéda à Philippe IV une dîme d'un an, mais, par la bulle *Salvator mundi*, 4 décembre 1301, il révoqua toutes les concessions et tous les privilèges accordés aux rois de France, particulièrement la bulle *Etsi de statu* et l'octroi de la dîme d'un an. Cette dernière ne fut jamais levée et la biennale ne fut perçue que pour deux ou trois termes au plus.

Impôts pour la guerre de Flandre. — En 1302, la guerre de Flandre recommença. Le roi proclama l'arrière-ban, c'est-à-dire le principe du service militaire personnel pour tous les habitants du royaume. Ce fut surtout un principe, car, en fait, on se racheta moyennant finance.

En 1302. — Dès la fin du mois de mai et en juin, des commissaires s'entendent avec les villes et obtiennent d'elles une *finance* tenant lieu de l'aide en sergents. Paris donna 10,000 livres. La municipalité se procura cette somme en imposant une taille.

Les « premières finances ». — Au milieu de juin, un mandement royal donne l'ordre aux baillis et sénéchaux d'envoyer à l'ost tous les non nobles, aussi bien les sujets du roi que ceux de ses vassaux qui possédaient 100 livres parisis en biens *meubles* ou 200 livres tournois en *meubles* et *immeubles*, à condition que la valeur des biens *meubles* entrât pour plus de 40 livres dans cette dernière somme, mais recommanda aux officiers royaux de laisser aux sujets un délai d'un mois pour payer une « finance ». Les instructions expédiées le 8 juillet aux commissaires chargés de lever l'impôt nous font connaître la nature de celui-ci. Les commissaires exigeront au moins le *cinquantième* des biens, en taxant plus fortement les meubles que les immeubles. C'est donc un quatrième cinquantième. Seuls sont imposés les non nobles possédant au moins 200 livres en meubles et immeubles, c'est-à-dire ceux qui doivent le service militaire. Les commissaires estiment les biens en consultant les anciens rôles d'imposition, les voisins, ou en s'en tenant au serment des contribuables. Les nobles incapables de porter les armes paient cet impôt que l'on appela les « premières finances ».

Les « secondes finances ». — Bien des nobles et non nobles n'étaient pas allés à l'ost en septembre et n'avaient pas financé. Dès le 18 octobre, le roi donne l'ordre de réclamer au moins le cinquantième, selon les instructions de juillet, aux nobles possédant au moins 40 livres de revenus et aux non nobles possédant 300 livres en meubles ou 500 livres tant en meubles qu'en immeubles, qui n'étaient pas allés à l'ost et n'avaient pas financé. Ce furent les « secondes finances ».

Prêts et dons. — De juin à octobre, des commissaires levèrent des *prêts* d'un caractère souvent forcé. Le 29 août 1302 le roi demanda des prêts au clergé qui les lui accorda et lui fit même des dons. Le remboursement de ces prêts fut assigné sur les recettes royales.

Impôts pour l'ost de 1303. — A la fin de l'année 1302, selon des instructions du 11 novembre, des commissaires entrent en pourparlers avec les habitants des villes et leur demandent d'équiper à leurs frais, pendant quatre mois,

un certain nombre de sergents à raison de 2 sous parisis
par jour pour chaque sergent.

Un mandement du 23 décembre 1302 ordonne aux nobles
et aux non nobles gascons possédant au moins 100 livres de
revenus de se préparer à partir à l'ost « en chevaux et en
armes », et aux autres nobles, de s'armer comme ils pour-
ront.

En 1303. — La première subvention. — La « prima,
magna, grossa subventio » fut ordonnée à la fin de mars
1303. Tous les non nobles qui possèdent 100 livres tournois de rentes foncières (revenu) paient un *cinquième*;
ceux qui possèdent 500 livres tournois en biens meubles
(capital) paient un *vingtième*. Les clercs ne vivant pas cléricalement et possédant au moins 100 livres de revenu paient
le cinquième.

La seconde subvention. — La « secunda, parva, mi-
nuta subventio » fut ordonnée au milieu de mai 1303. Les
non nobles possédant de 20 à 100 livres tournois de rentes
foncières (revenu) paient le *dixième*, ceux qui possèdent 50
à 500 livres tournois en biens meubles (capital) paient le
cinquantième. C'est le cinquième cinquantième. Les nobles
qui ne veulent pas aller à l'ost et ceux qui sont incapables
de porter les armes mais n'ont aucune charge de dettes ou
d'enfants paient, s'ils possèdent 50 à 500 livres tournois de
rentes foncières (revenu), la *moitié*; s'ils possèdent plus de
500 livres des mêmes rentes, le *cinquième*. Les nobles incapables de porter les armes, mais qui sont chargés de dettes
ou d'enfants, paient le *quart*, s'ils possèdent plus de 50 livres tournois de rentes foncières. Ceux qui paient cet impôt
ne contribuent pas à l'aide en sergents demandée en novembre 1302. Comme précédemment, des commissaires sont députés pour lever l'impôt. Le Trésor fut officiellement trans-
féré au Temple, le 24 juin. Comme en 1295, le roi confia à
Mouche et à Biche, quelques temps avant le transfert, le
soin de recueillir les impôts. En juillet, Hugues de Pairaud,
visiteur du Temple en France, reçut plein pouvoir pour recueillir les recettes.

La dîme de 1303. — Au Carême, 24 février 1303, le clergé promit au roi un *vingtième*. Vers le 20 juillet, le roi convoque les prélats à Paris et leur demande un subside pour la défense du royaume. Ceux-ci offrent le vingtième promis et un autre vingtième en échange de privilèges importants et réclament des réformes. Le roi cède enfin. Une dîme simple est accordée en août. Elle doit être levée selon la taxation ancienne par des collecteurs choisis par les évêques ; la recette doit être versée au Temple. Le clergé obtint l'exemption du droit d'amortissement.

Pour obtenir du clergé la contribution à l'aide ordonnée le 5 octobre 1303, le roi déclare, le 26 octobre, qu'il ne réclamera plus la dîme à ceux qui payeront cette aide et que l'on tiendra compte aux ecclésiastiques des sommes qu'ils avaient versées à titre de dîme en les retranchant de leur quote-part du subside. Le clergé préféra payer ce subside et la dîme fut réduite à une simple avance de fonds faite par le clergé à Philippe le Bel.

Subsides pour l'ost de 1304. — L'ordonnance du 5 octobre 1303 fut sérieusement étudiée. Des mémoires furent présentés. Une assemblée solennelle de prélats et de barons, réunis à Château-Thierry le 5 octobre, sanctionna l'ordonnance préparée par les gens du roi. Tous les clercs et les nobles aideront le roi en équipant, pendant les mois de juin, juillet, août et septembre 1304, un homme d'armes monté sur un cheval de 50 livres tournois, garni d'une couverture de fer ou d'une couverture pourpointée, pour chaque 500 livres de revenus fonciers qu'ils possèdent dans le royaume. Pendant le même temps, 100 feux non nobles équiperont 6 sergents dont deux seront armés d'arbalètes et les autres de lances et tous garnis de bacinets, de pourpoints, de haubergeons ou de gambaisons. Le roi fit des promesses concernant l'émission d'une bonne monnaie à Pâques, 18 avril 1305, et la diminution progressive des cours avant la Toussaint, 1er novembre 1304.

Les ordonnances royales de 1304. — Il est difficile de se procurer des mercenaires convenables, et la plupart des sujets ne veulent pas servir personnellement; aussi l'ordonnance promulguée les 20 et 21 janvier 1304 déclare que les nobles, pour chaque 500 livres de revenus fonciers dont ils jouissent, payeront 100 livres, soit le cinquième; ceux qui possèdent moins payeront moins suivant la même proportion. Les clercs ne vivant pas cléricalement sont imposés au cinquième; les autres clercs furent exempts, car ils payèrent la dîme. Tous les non nobles équiperont 6 sergents par 100 feux selon l'ordonnance du 5 octobre 1303. Les hommes de poesté et les taillables abonnés, sujets des vassaux du roi, équiperont 4 sergents par 100 feux. Les serfs taillables à volonté, qui ne sont pas sujets du roi, équiperont 2 sergents par 100 feux. L'impôt qui pèse sur les non nobles est donc un *fouage*, une « subventio focorum ».

Les communautés qui ne veulent pas équiper des sergents donneront une « finance » proportionnée au nombre de sergents qu'elles devaient et estimée à raison de deux sous parisis par jour pour chaque sergent. Ce mode de contribution fut généralement adopté. Les termes du payement de l'impôt furent les octaves de Pâques, 6 avril 1304, et le mois de mai. Un commissaire fut envoyé dans chaque bailliage. Leurs noms. Il est assisté du bailli. La levée se fit très lentement.

Le 19 mai, le roi adresse aux baillis une nouvelle expédition des ordonnances du 5 octobre 1303 et du 20 janvier 1304, avec quelques modifications. Le roi exempte les serfs des seigneurs taillables à volonté. Les termes du payement sont prorogés. Le premier sera le présent mois de mai, le second le 22 juillet. Des commissaires furent députés au mois de mai pour engager les nobles qui avaient payé le subside à venir à l'ost aux gages du roi. Pour permettre à ces commissaires de faire aux nobles enrôlés des avances de gages, la recette du premier terme fut mise à leur disposition. D'une façon générale, les documents financiers sont envoyés aux gens des comptes et l'argent au Temple.

Toulouse, Imp. DOULADOURE-PRIVAT, rue St-Rome, 39. — 4401

www.ingramcontent.com/pod-product-compliance
Lightning Source LLC
Chambersburg PA
CBHW051444060726
47596CB00006B/2623